Min tvåspråkiga bilderbok
Моја двојезична сликовница
Moja dvojezična slikovnica

Sefas vackraste barnsagor i en volym

Ulrich Renz • Barbara Brinkmann:

Sov gott, lilla vargen ·

Лепо спавај, мали вуче (Lepo spavaj, mali vuče)

För barn från 2 år

Cornelia Haas • Ulrich Renz:

Min allra vackraste dröm

Мој најлепши сан (Moj najlepši san)

För barn från 2 år

Ulrich Renz • Marc Robitzky:

De vilda svanarna

Дивљи Лабудови (Divlji Labudovi)

Efter en saga av Hans Christian Andersen

För barn från 5 år

© 2024 by Sefa Verlag Kirsten Bödeker, Lübeck, Germany. www.sefa-verlag.de

Special thanks to Paul Bödeker, Freiburg, Germany

All rights reserved.

ISBN: 9783756305452

Översättning:

Katrin Bienzle Arruda (svenska)

Goran Milovanović (serbiska)

Ljudbok och video:

www.sefa-bilingual.com/bonus

Fri tillgång med lösenordet:

svenska: **LWSV2831**

serbiska: **audio not yet available**

Vi arbetar på att göra så många av våra tvåspråkiga böcker som möjligt tillgängliga som ljudböcker och videor.

God natt, Tim! Vi fortsätter att leta imorgon.
Sov nu så gott!

Лаку ноћ, Тим! Тражићемо сутра даље.
А сада лепо спавај!

Laku noć, Tim! Tražićemo sutra dalje.
A sada lepo spavaj!

Det är redan mörkt ute.

Напољу је већ мрак.

Napolju je već mrak.

Vad gör Tim där?

Шта Тим то ради тамо?

Šta Tim to radi tamo?

Han går ut till lekplatsen.
Vad är det han letar efter?

Кренуо је према игралишту.
Шта ли тражи тамо?
Krenuo je prema igralištu.
Šta li traži tamo?

Den lilla vargen!
Han kan inte sova utan den.

Малог вука!
Без њега не може да спава.
Малог вука!
Без њега не може да спава.

Vem är det nu som kommer?

Ко то тамо долази?

Ko to tamo dolazi?

Marie! Hon letar efter sin boll.

Марија! Она тражи своју лопту!

Marija! Ona traži svoju loptu.

Och vad letar Tobi efter?

А шта тражи Тоби?

A šta traži Tobi?

Sin grävmaskin.

Свог багера.

Svog bagera.

Och vad letar Nala efter?

А шта тражи Нала?

A šta traži Nala?

Sin docka.

Своју лутку.

Svoju lutku.

Måste inte barnen gå och lägga sig?
Undrar katten.

Зар не би требала деца да буду у својим креветима?
Мачка се јако зачуди.
Zar ne bi trebala deca da budu u svojim krevetima? Mačka se jako začudi.

Vem kommer nu?

А ко то сад долази?

A ko to sad dolazi?

Tims mamma och pappa!
Utan deras Tim kan de inte sova.

Мама и тата од Тима!
Не могу да спавају без свог Тима.

Mama i tata od Tima!
Ne mogu da spavaju bez svog Tima.

Och nu kommer ännu fler! Maries pappa.
Tobis morfar. Nalas mamma.

Долази све више људи! Маријин тата.
Тобијев деда. И Налина мама.
Dolazi sve više ljudi! Marijin tata.
Tobijev deda. I Nalina mama.

Nu skyndar vi oss i säng!

А сад брзо у кревет!

A sad brzo u krevet!

God natt, Tim!
Imorgon behöver vi inte leta mer!

Лаку ноћ, Тим!
Сутра не морамо више тражити.
Laku noć, Tim!
Sutra ne moramo više tražiti.

Sov gott, lilla vargen!

Лепо спавај, мали вуче!
Lepo spavaj, mali vuče!

Översättning:

Narona Thordsen (svenska)

Karmen Fedeli (serbiska)

Ljudbok och video:

www.sefa-bilingual.com/bonus

Fri tillgång med lösenordet:

svenska: **BDSV2831**

serbiska: **audio not yet available**

Vi arbetar på att göra så många av våra tvåspråkiga böcker som möjligt tillgängliga som ljudböcker och videor.

Min allra vackraste dröm
Мој најлепши сан
Moj najlepši san

Cornelia Haas · Ulrich Renz

svenska — tvåspråkig — serbiska

Lulu kan inte somna. Alla andra drömmer redan – hajen, elefanten, den lilla musen, draken, kängurun, riddaren, apan, piloten. Och lejonungen. Även björnen kan nästan inte hålla ögonen öppna ... Du björn, kan du ta med mig in i din dröm?

Лулу не може да заспи. Сви остали већ сањају — ајкула, слон, мали миш, змај, кенгур, витез, мајмун, пилот. И лавић. Чак и медведу се скоро затварају очи. Слушај Медо, да ли ме водиш са собом у твој сан?

Lulu ne može da zaspi. Svi ostali već sanjaju — ajkula, slon, mali miš, zmaj, kengur, vitez, majmun, pilot. I lavić. Čak i medvedu se skoro zatvaraju oči.
Slušaj Medo, da li me vodiš sa sobom u tvoj san?

Och med det så finner sig Lulu i björnarnas drömland. Björnen fångar fisk i Tagayumisjön. Och Lulu undrar, vem skulle kunna bo där uppe i träden? När drömmen är slut vill Lulu uppleva ännu mer. Följ med, vi hälsar på hajen! Vad kan han drömma om?

И већ се Лулу налази у земљи снова медведа. Медвед хвата рибе у Тагајуми језеру. И Лулу се чуди, ко ли то тамо на дрвету живи? Када се сан заврши, Лулу жели да доживи још више. Хајде да посетимо ајкулу! О чему ли она сања?

I već se Lulu nalazi u zemlji snova medveda. Medved hvata ribe u Tagajumi jezeru. I Lulu se čudi, ko li to tamo na drvetu živi? Kada se san završi, Lulu želi da doživi još više. Hajde da posetimo ajkulu! O čemu li ona sanja?

Hajen leker tafatt med fiskarna. Äntligen har han vänner! Ingen är rädd för hans spetsiga tänder.
När drömmen är slut vill Lulu uppleva ännu mer. Följ med, vi hälsar på elefanten! Vad kan han drömma om?

Ајкула се игра јурке са рибама. Коначно има другове! Нико се не плаши њених оштрих зуба. Када се сан заврши, Лулу жели да доживи још више. Хајде да посетимо слона! О чему ли он сања?

Ajkula se igra jurke sa ribama. Konačno ima drugove! Niko se ne plaši njenih oštrih zuba. Kada se san završi, Lulu želi da doživi još više. Hajde da posetimo slona! O čemu li on sanja?

Elefanten är lika lätt som en fjäder och kan flyga! Snart landar han på den himmelska ängen.

När drömmen är slut vill Lulu uppleva ännu mer. Följ med, vi hälsar på den lilla musen! Vad kan hon drömma om?

Слон је лак као једно перо и може да лети! Ускоро ће да слети на небеску ливаду. Када се сан заврши, Лулу жели да доживи још више.
Хајде да посетимо миша! О чему ли он сања?

Slon je lak kao jedno pero i može da leti! Uskoro će da sleti na nebesku livadu. Kada se san završi, Lulu želi da doživi još više. Hajde da posetimo miša! O čemu li on sanja?

Den lilla musen är på ett tivoli. Mest gillar hon berg- och dalbanan.
När drömmen är slut vill Lulu uppleva ännu mer. Följ med, vi hälsar på draken. Vad kan hon drömma om?

Мали миш гледа вашар. Највише му се свиђа ролеркостер.
Када се сан заврши, Лулу жели да доживи још више. Хајде да посетимо змаја!
О чему ли он сања?

Mali miš gleda vašar. Najviše mu se sviđa rolerkoster.
Kada se san završi, Lulu želi da doživi još više. Hajde da posetimo zmaja!
O čemu li on sanja?

Draken är törstig av att ha sprutat eld. Hon skulle vilja dricka upp hela sockerdrickasjön.

När drömmen är slut vill Lulu uppleva ännu mer. Följ med, vi hälsar på kängurun! Vad kan hon drömma om?

Змај је жедан од пљувања ватре. Најрадије би попио цело језеро лимунаде. Када се сан заврши, Лулу жели да доживи још више. Хајде да посетимо кенгура! О чему ли он сања?

Zmaj je žedan od pljuvanja vatre. Najradije bi popio celo jezero limunade. Kada se san završi, Lulu želi da doživi još više. Hajde da posetimo kengura! O čemu li on sanja?

Kängurun hoppar genom godisfabriken och stoppar sin pung full. Ännu fler av de blåa karamellerna! Och ännu fler klubbor! Och choklad!

När drömmen är slut vill Lulu uppleva ännu mer. Följ med, vi hälsar på riddaren. Vad kan han drömma om?

Кенгур скаче кроз фарбику слаткиша и пуни своју торбу. Још више плавих бомбона! И више лизалица! И чоколаде! Када се сан заврши, Лулу жели да доживи још више. Хајде да посетимо витеза! О чему ли он сања?

Kengur skače kroz farbiku slatkiša i puni svoju torbu. Još više plavih bombona! I više lizalica! I čokolade! Kada se san završi, Lulu želi da doživi još više. Hajde da posetimo viteza! O čemu li on sanja?

Riddaren har tårtkrig med sin drömprinsessa. Oj! Gräddtårtan missar!
När drömmen är slut vill Lulu uppleva ännu mer. Följ med, vi hälsar på apan!
Vad kan han drömma om?

Витез води битку тортама са својом принцезом из снова. Ох! Крем торта је промашила мету! Када се сан заврши, Лулу жели да доживи још више. Хајде да посетимо мајмуна! О чему ли он сања?

Vitez vodi bitku tortama sa svojom princezom iz snova. Oh! Krem torta je promašila metu! Kada se san završi, Lulu želi da doživi još više. Hajde da posetimo majmuna! O čemu li on sanja?

Äntligen har det snöat i aplandet! Hela apgänget är helt uppspelta och gör rackartyg.
När drömmen är slut vill Lulu uppleva ännu mer. Följ med, vi hälsar på piloten! I vilken dröm kan han ha landat i?

Коначно да и једном падне снег у земљи мајмуна! Цело мајмунско друштво се радује и мајмунише унаоколо. Када се сан заврши, Лулу жели да доживи још више. Хајде да посетимо пилота, у чијем ли је сну он слетео?

Konačno da i jednom padne sneg u zemlji majmuna! Celo majmunsko društvo se raduje i majmuniše unaokolo. Kada se san završi, Lulu želi da doživi još više. Hajde da posetimo pilota, u čijem li je snu on sleteo?

Piloten flyger och flyger. Ända till världens ände och ännu längre, ända till stjärnorna. Ingen pilot har någonsin klarat av detta tidigare.

När drömmen är slut så är alla väldigt trötta och känner inte för att uppleva mycket mer. Men lejonungen vill de fortfarande hälsa på. Vad kan hon drömma om?

Пилот лети и лети. До краја света, па чак и даље до звезда. Ниједан други пилот није то успео. Када се сан заврши, сви су већ јако уморни и не желе више тако пуно да доживе. Али лавића желе још да посете. О чему ли он сања?

Pilot leti i leti. Do kraja sveta, pa čak i dalje do zvezda. Nijedan drugi pilot nije to uspeo. Kada se san završi, svi su već jako umorni i ne žele više tako puno da dožive. Ali lavića žele još da posete. O čemu li on sanja?

Lejonungen har hemlängtan och vill tillbaka till sin varma mysiga säng.
Och de andra med.

Och där börjar ...

Лавић има чежњу за домом и жели да се врати у топли и удобан кревет.
И остали исто тако.
И тамо почиње ...

Lavić ima čežnju za domom i želi da se vrati u topli i udoban krevet.
I ostali isto tako.
I tamo počinje ...

... Lulus
allra vackraste dröm.

... Лулин
најлепши сан.

... Lulin
najlepši san.

Översättning:

Narona Thordsen (svenska)

Karmen Fedeli (serbiska)

Ljudbok och video:

www.sefa-bilingual.com/bonus

Fri tillgång med lösenordet:

svenska: **WSSV2831**

serbiska: **audio not yet available**

Vi arbetar på att göra så många av våra tvåspråkiga böcker som möjligt tillgängliga som ljudböcker och videor.

Ulrich Renz · Marc Robitzky

De vilda svanarna
Дивљи Лабудови / Divlji Labudovi

Efter en saga av

Hans Christian Andersen

svenska — tvåspråkig — serbiska

Det var en gång tolv kungabarn—elva bröder och en storasyster, Elisa. De levde lyckliga i ett underbart vackert slott.

Некада давно било је дванаест краљевске деце – једанаест браће и једна старија сестра, Елиза. Живели су срећно у прелепом дворцу.

Nekada davno bilo je dvanaest kraljevske dece—jedanaest braće i jedna starija sestra, Eliza. Živeli su srećno u prelepom dvorcu.

En dag dog modern, och efter en tid gifte sig kungen på nytt. Men den nya kvinnan var en elak häxa. Hon förtrollade de elva prinsarna så att de blev svanar och skickade dem långt bort till ett fjärran land bakom den stora skogen.

Једног дана мајка је умрла, а нешто касније краљ се поново оженио. Нова жена, међутим, била је зла вештица. Претворила је тих једанаестеро принчева у лабудове и послала их је у једну далеку земљу изван велике шуме.

Jednog dana majka je umrla, a nešto kasnije kralj se ponovo oženio. Nova žena, međutim, bila je zla veštica. Pretvorila je tih jedanaestero prinčeva u labudove i poslala ih je u jednu daleku zemlju izvan velike šume.

Flickan klädde hon i trasor och smörjde in henne med en ful salva i ansiktet så att den egna fadern inte längre kände igen henne och jagade bort henne från slottet. Elisa sprang in i den mörka skogen.

Девојку је обукла у крпе и мазала јој лице са ружном масти, тако да чак и њен отац ју није више препознао те је отерао из замка. Елиза је побегла у мрачну шуму.

Devojku je obukla u krpe i mazala joj lice sa ružnom masti, tako da čak i njen otac ju nije više prepoznao te je oterao iz zamka. Eliza je pobegla u mračnu šumu.

Nu var hon helt ensam och längtade efter hennes försvunna bröder med hela sitt hjärta. När det blev kväll bäddade hon en säng av mossa under träden.

Сада је била сасвим сама и чезнула је за својом несталом браћом из дубине своје душе. Када је дошло вече, направила је себи кревет од маховине испод дрвећа.

Sada je bila sasvim sama i čeznula je za svojom nestalom braćom iz dubine svoje duše. Kada je došlo veče, napravila je sebi krevet od mahovine ispod drveća.

Nästa morgon kom hon fram till en lugn sjö och blev förskräckt när hon däri såg sin spegelbild. Men efter att hon hade tvättat sig var hon det vackraste kungabarnet på jorden.

Следећег јутра дошла је до мирног језера и уплашила се када је видела свој одраз у води. Али након што се опрала, била је најлепше краљевско дете под сунцем.

Sledećeg jutra došla je do mirnog jezera i uplašila se kada je videla svoj odraz u vodi. Ali nakon što se oprala, bila je najlepše kraljevsko dete pod suncem.

Efter många dagar nådde Elisa det stora havet. På vågorna gungade elva svanfjädrar.

После много дана, Елиза је стигла до великог мора. На таласима љуљало се једанаест лабудових пера.

Posle mnogo dana, Eliza je stigla do velikog mora. Na talasima ljuljalo se jedanaest labudovih pera.

När solen gick ner hördes ett sus i luften och elva vilda svanar landade på vattnet. Elisa kände genast igen sina förtrollade bröder. Men för att dom talade svanspråket kunde hon inte förstå dem.

Док је сунце залазило, дошло је до шуштања у ваздуху и једанаест дивљих лабудова слетело је на воду. Елиза је одмах препознала своју зачарану браћу. Али, пошто су говорили лабуђи језик, није могла да их разуме.

Dok je sunce zalazilo, došlo je do šuštanja u vazduhu i jedanaest divljih labudova sletelo je na vodu. Eliza je odmah prepoznala svoju začaranu braću. Ali, pošto cy govorili labuđi jezik, nije mogla da ih razume.

På dagen flög svanarna bort, under natten kurade syskonen ihop sig i en grotta.

En natt hade Elisa en besynnerlig dröm: Hennes mor sade till henne hur hon kunde befria sina bröder. Av nässlor skulle hon sticka en skjorta för varje svan och dra den över den. Men tills dess får hon inte tala ett enda ord, annars måste hennes bröder dö.
Elisa började genast med arbetet. Trots att hennes händer sved som brända med eld stickade hon outtröttligt.

Дању лабудови су одлетали, а ноћу сестра и браћа су спавали приљубљени један уз другог у једној пећини.
Једне ноћи, Елиза је имала чудан сан: Њена мајка јој је рекла како би могла ослободити своју браћу. Мора да исплете сваком лабуду мајицу од коприве коју ће им да набаци. Али до тада није смела да говори ни реч, јер би иначе њена браћа морала да умре.
Елиза је почела одмах да ради. Иако су јој руке гориле као ватра, неуморно је плела даље.

Danju labudovi su odletali, a noću sestra i braća su spavali priljublljeni jedan uz drugog u jednoj pećini.
Jedne noći, Eliza je imala čudan san: Njena majka joj je rekla kako bi mogla osloboditi svoju braću. Mora da isplete svakom labudu majicu od koprive koju će im da nabaci. Ali do tada nije smela da govori ni reč, jer bi inače njena braća morala da umre.
Eliza je počela odmah da radi. Iako su joj ruke gorile kao vatra, neumorno je plela dalje.

En dag ljöd jakthorn i fjärran. En prins kom ridande med sitt följe och stod snart framför henne. När de såg in i varandras ögon blev de förälskade i varandra.

Једног дана огласили су се ловачки рогови у даљини. Један принц је дојахао на коњу са својом пратњом и већ ускоро је стао пред њом. Када су угледали једно другом у очи, заљубили су се.

Jednog dana oglasili su se lovački rogovi u daljini. Jedan princ je dojahao na konju sa svojom pratnjom i već uskoro je stao pred njom. Kada su ygledali jedno drugom u oči, zaljubili su se.

Prinsen lyfte upp Elisa på sin häst och red med henne till sitt slott.

Принц је подигнуо Елизу на свог коња и одвео је у свој дворац.

Princ je podignuo Elizu na svog konja i odveo je u svoj dvorac.

Den mäktige skattmästaren var allt annat än glad över ankomsten av den stumma vackra. Hans egen dotter skulle bli prinsens brud.

Моћни ризничар је био све само не задовољан доласком неме лепотице. Његова ћерка је требала да буде принчева невеста.

Moćni rizničar je bio sve samo ne zadovoljan dolaskom neme lepotice. Njegova ćerka je trebala da bude prinčeva nevesta.

Elisa hade inte glömt sina bröder. Varje kväll fortsatte hon att arbeta med skjortona. En natt gick hon ut till kyrkogården för att hämta färska nässlor. Samtidigt blev hon hemligt iakttagen av skattmästaren.

Елиза није заборавила своју браћу. Сваке вечери је наставила да ради на мајицама. Једне ноћи изашла је на гробље да убере свеже коприве. Ризничар ју је тајно посматрао.

Eliza nije zaboravila svoju braću. Svake večeri je nastavila da radi na majicama. Jedne noći izašla je na groblje da ubere sveže koprive. Rizničar ju je tajno posmatrao.

Så snart som prinsen var på en jaktutflykt lät skattmästaren slänga Elisa i fängelsehålan. Han hävdade att hon var en häxa som mötte andra häxor på natten.

Чим је принц отишао у лов, ризничар дао је да Елизу баце у тамницу. Тврдио је да је она вештица која се ноћу састаје са другим вештицама.

Čim je princ otišao u lov, riznničar dao je da Elizu bace u tamnicu. Tvrdio je da je ona veštica koja се noću sastaje sa drugim vešticama.

I gryningen blev Elisa hämtad av vakterna. Hon skulle brännas på torget.

У зору, стражари су одвели Елизу. Требала је да буде спаљена на тргу.

U zoru, stražari su odveli Elizu. Trebala je da bude spaljena na trgu.

De hade knappast kommit fram när plötsligt elva vita svanar kom flygande. Snabbt drog Elisa en nässelskjorta över var och en. Snart stod alla hennes bröder framför henne som människofigurer. Bara den yngsta, vars skjorta inte hade blivit helt färdig, behöll en vinge istället för en arm.

Чим је стигла тамо, изненада долетело је једанаест лабудова. Елиза је брзо набацила мајице од коприве преко сваког лабуда. Убрзо након тога, сва њена браћа стајала су пред њом у људском облику. Само најмањи, чија мајица није сасвим била завршена, задржао је једно крило уместо руке.

Čim je stigla tamo, iznenada doletelo je jedanaest labudova. Eliza je brzo nabacila majice od koprive preko svakog labuda. Ubrzo nakon toga, sva njena braća stajala su pred njom u ljudskom obliku. Samo najmanji, čija majica nije sasvim bila završena, zadržao je jedno krilo umesto ruke.

Syskonens kramande och pussande hade inte tagit slut än när prinsen kom tillbaka. Äntligen kunde Elisa förklara alltihopa. Prinsen lät den elake skattmästaren slängas i fängelsehålan. Och sedan firade de bröllop i sju dagar.

Och så levde de lyckliga i alla sina dagar.

Грљење и љубљење браће и сестре није имало краја ни када се принц вратио. Коначно је Елиза могла да му све објасни. Принц је дао да баце злог ризничара у тамницу. А након тога свадба се славила седам дана.
Grljenje i ljubljenje braće i sestre nije imalo kraja ni kada se princ vratio. Konačno je Eliza mogla da mu sve objasni. Princ je dao da bace zlog rizničara u tamnicu. A nakon toga svadba se slavila sedam dana.

И сви су живели срећно до краја живота.
I svi su živeli srećno do kraja života.

Hans Christian Andersen

Hans Christian Andersen was born in the Danish city of Odense in 1805, and died in 1875 in Copenhagen. He gained world fame with his literary fairy-tales such as „The Little Mermaid", „The Emperor's New Clothes" and „The Ugly Duckling". The tale at hand, „The Wild Swans", was first published in 1838. It has been translated into more than one hundred languages and adapted for a wide range of media including theater, film and musical.

Barbara Brinkmann föddes i München (Tyskland) år 1969. Hon studerade arkitektur i München och arbetar för närvarande vid Institutionen för Arkitektur vid München tekniska universitet. Hon arbetar också som grafisk formgivare, illustratör och författare.

Cornelia Haas föddes 1972 nära Augsburg (Tyskland). Efter utbildningen som skylt- och ljusreklamtillverkare studerade hon design vid Münster yrkeshögskola och utexaminerades som diplom designer. Sedan 2001 illusterar hon barn- och ungdomsböcker, sedan 2013 undervisar hon i akryl- och digitalmålning vid Münster yrkeshögskola.

Marc Robitzky, born in 1973, studied at the Technical School of Art in Hamburg and the Academy of Visual Arts in Frankfurt. He works as a freelance illustrator and communication designer in Aschaffenburg (Germany).

Ulrich Renz föddes 1960 i Stuttgart (Tyskland). Efter att ha studerat fransk litteratur i Paris tog han läkarexamen i Lübeck och var chef för ett vetenskapligt förlag. Idag är Renz frilansförfattare, förutom faktaböcker skriver han barn- och ungdomsböcker.

Gillar du att måla?

Här kan du hitta bilderna från berättelsen för färgläggning:

www.sefa-bilingual.com/coloring

www.ingramcontent.com/pod-product-compliance
Lightning Source LLC
LaVergne TN
LVHW070445080526
838202LV00035B/2740